27
In 1800s.

JUGEMENT

PHILOSOPHIQUE

SUR J.-J. ROUSSEAU

ET

SUR VOLTAIRE

NOTE

DES OUVRACES DE M. AZAÏS.

———

Des Compensations dans les destinées humaines,
   3 vol. in-8°. . . . . 12 f. » ~.

Un mois de séjour dans les Pyrénées, 1 vol. in-8°. 3   »

Manuel du philosophe, ou Principes éternels,
   1 vol. in-12, ... 1 50

L'Ami des Enfans, par M. et madame Azaïs,
   24 vol. in-18, ornés chacun de deux gravures. 24   »

Système universel, 8 vol. in-8°. 30   »

   (Les 5 derniers vol. se vendent séparément. . 18   »
   et ils peuvent être lus séparément, parce qu'ils
   sont accompagnés du précis des trois premiers
   volumes.)

Explication et emploi du Magnétisme, in-8°. . . 1   25

Nota. Tous ces ouvrages se vendent chez ALEX. ÉMERY ,
Libraire, rue Mazarine, n°. 30.

En ce moment, M. et madame Azaïs partagent avec
MM. Bouilly, de Rougemont et Lefèbvre, la rédaction des
Annales de la jeunesse, ouvrage périodique, dont il paraît
trois numéros par mois. On s'abonne chez M. FOULON,
Libraire, au Bureau des *Annales,* rue des Francs-Bour-
geois, et chez les Libraires ALEX. ÉMERY, ARTHUS BER-
TRAND, DELAUNAY, L'ADVOCAT, ROSA.

Prix de l'abonnement 10 *fr. pour trois mois,* 19 *fr.*
pour six mois, 36 *fr. pour l'année.*

JUGEMENT

PHILOSOPHIQUE

SUR J.-J. ROUSSEAU

ET

SUR VOLTAIRE;

PAR H. AZAÏS.

La recherche du vrai, et la pratique du bien,
sont les deux objets de la Philosophie.

A PARIS,

Chez { PLANCHER, Libraire, rue Serpente, n°. 14.
ALEX. ÉMERY, Libraire, rue Mazarine, n°. 30.
DELAUNAY, Libraire au Palais-Royal.

1817.

PRÉFACE.

Au moment où, sur tous les sujets d'une plus ou moins grande importance, toutes les opinions incomplètes, ou fausses, s'apprêtent à céder la place aux pensées définitives, aux vérités éternelles, il est naturel que ces opinions fassent un dernier effort pour se conserver.

Après quelque temps de durée, toute opinion sur un sujet important est devenue fondement d'une institution ou d'une habitude; à ce titre, elle s'appuie, dans ses résistances, sur les intérêts, les mœurs, le caractère, l'éducation d'un certain nombre d'hommes. Ceux-ci, lorsqu'ils les défendent avec le plus de zèle et de bonne foi, sont ordinairement très-loin d'imaginer combien ils se mettent eux-mêmes à la place de la vérité.

Mais la vérité, lorsqu'elle a enfin pénétré dans le plus grand nombre d'esprits libres et judicieux ; lorsque, réellement établie, elle n'a plus besoin que d'être proclamée et affermie, reçoit un grand secours des dernières oppositions qui lui sont faites, parce que de telles oppositions, en découvrant la faiblesse des attaques dont elle est l'objet, donnent en même temps, aux hommes qui déjà la possèdent, une impulsion énergique qui les fortifie et les rassemble.

La recherche du vrai, et la pratique du bien, sont les deux objets de la philosophie. A son tour, la philosophie est l'œuvre de la raison humaine, secondée par le temps, éclairée par l'expérience. Chaque jour elle étend ses progrès; depuis la révolution française, elle les précipite; aujourd'hui, elle touche à son terme, car la France touche au terme de sa révolution.

Parmi les hommes qu'épouvante justement cette révolution terrible, il en est quelques-uns dont l'esprit peu étendu s'échauffe d'un zèle estimable : ils s'irritent contre ses causes; mais ils se trompent fortement sur ces causes; ils donnent aux organes de l'esprit humain le titre injuste de provocateurs d'opinions turbulentes; ils prennent les hommes qui acquièrent une grande célébrité par leurs écrits, pour les directeurs de l'opinion publique, tandis qu'ils n'en sont que les premiers tributaires, et les principaux rédacteurs.

Sans doute, dans les ouvrages et la conduite des hommes qui deviennent éminemment célèbres, tout n'est pas avoué par la vérité, ni inspiré par la vertu; mais lorsque la sensation qu'ils ont produite a été forte, et qu'elle s'est soutenue, on peut être assuré qu'ils ont eu un grand nombre de pensées essentiellement vraies, et de sentimens élevés.

J.-J. Rousseau et Voltaire sont les deux hommes de ce siècle qui ont produit la sensation la plus vive et la plus fortement soutenue. C'est donc à eux, spécialement, que conviennent les indications que nous venons de donner; et c'est également sur eux que devaient porter spécialement les reproches et l'animosité des hommes qui n'ont point encore appris à voir dans les révolutions l'ouvrage de la Nature.

Dans un livre que j'ai récemment publié, sous le titre de *Manuel du philosophe*, ou *Principes éternels*, je crois avoir montré d'après quelles lois la nature, éter-

nellement conduite sur un plan de conser-
vation et d'équilibre, amène, quand le
temps en est venu, de grandes crises politiques, parfaitement ressemblantes aux
orages de l'atmosphère. Ma pensée prin-
cipale est celle d'un balancement continu,
toujours nécessaire, toujours exact, entre
l'action que chaque être exécute, et la
réaction exécutée par tous les êtres qui
l'environnent (1).

Mon dessein est de consacrer un ouvrage étendu au développement moral et
politique de cette pensée universelle. J'in-
titulerai cet ouvrage : *Du sort de l'homme
dans toutes les conditions ; du sort des
peuples dans tous les siècles.*

En ce moment je présente, par antici-
pation, ma manière de considérer le sort

---

(1) *Voyez* la note à la fin du volume.

de J.-J. Rousseau et celui de Voltaire. Ces deux grands écrivains, devenus personnages historiques par leur immense renommée, et par l'influence qu'on leur attribue, réclament un jugement philosophique : je veux dire un jugement dans lequel l'hommage, ainsi que la censure, émanent, avec calme et mesure, de la raison et de l'impartialité.

JUGEMENT PHILOSOPHIQUE
SUR J.-J. ROUSSEAU
ET SUR VOLTAIRE.

J.-J. ROUSSEAU.

DE tous les hommes qui, simples particuliers,
et sans autre puissance que celle de leur esprit,
sont destinés à une grande célébrité, il n'en
est point, ce me semble, qui puisse l'emporter sur Jean-Jacques Rousseau. C'est, à mes
yeux, l'écrivain le plus remarquable par son
caractère. Ses ouvrages sont loin de montrer
toujours un homme judicieux, et d'une instruction profonde ; ils montrent toujours une âme
très-forte, une organisation singulièrement
sensible ; et les écrivains ne font une vive impression sur leurs contemporains, ils ne fon-
dent leur nom d'une manière éclatante, que
lorsque leurs écrits sont pleins de véhémence,

lorsque leurs pensées, leur conduite, leurs malheurs, leurs fautes même, annoncent un caractère d'une singularité énergique et d'une extraordinaire sensibilité.

Les hommes organisés comme J.-J. Rousseau sont sans doute très-rares ; mais il en existe toujours en petit nombre dans les états dont la civilisation est avancée, et qui jouissent des faveurs d'un heureux climat ; seulement, leur caractère et leurs talens ne se développent point avec la même force, parce que ce développement, pour atteindre le plus haut degré, exige un concours extraordinaire de circonstances. Jamais, depuis l'existence de la terre, ce concours n'avait été aussi marqué, aussi abondant qu'il l'a été en faveur de J.-J. Rousseau, je veux dire en faveur de son esprit et de ses talens naturels, car, sous le rapport du bonheur, cet homme a été compris, comme tous les autres, dans la loi des compensations universelles.

Les formes et les mœurs républicaines se maintenaient encore dans la petite ville de Genève, lorsque J.-J. Rousseau y prit naissance. L'austérité de la vie, le courage de l'âme, la passion de l'indépendance, l'âpreté des principes, sont les caractères essentiels du républi-

cain. Sans doute les mœurs de Genève, il y a
cent ans, étaient loin d'égaler en rudesse celles
des premiers temps de Rome ou de Lacédé-
mone; mais elles ressemblaient encore moins
aux mœurs d'Athènes; et Genève, comme La-
cédémone, environnée de peuples livrés aux
plaisirs, aux arts, à la mollesse que la civilisation entraîne, luttait contre les séductions qui,
de toutes parts, lui étaient adressées. Cet effort
entretenait son énergie, sans prévenir cependant l'introduction des idées et des goûts qui
dominent dans les grandes monarchies; en
sorte que l'homme sensible, à Genève, sans
cesse pressé par des mouvemens contraires,
tantôt se laissait attirer vers les douceurs sociales, tantôt se rejetait vers l'austérité républi-
caine par habitude et par fierté.

Dans tout homme sensible, les combats in-
térieurs entre de nouveaux penchans et des
idées anciennes sont le ferment de l'âme. Les
pensées, ainsi que les résolutions, sans cesse
agitées et discordantes, impriment à la conduite, ainsi qu'au langage, le désordre en
même temps que l'éclat. Alternativement je-
tée vers ce qu'elle désire et vers ce qu'elle re-
grette, l'âme est devenue étrangère à la modération paisible; elle s'exalte, s'irrite; elle défend

avec véhémence ce que bientôt elle abandonne;
il lui faut des passions, des ressentimens, des
paradoxes; la raison tente rarement de se faire
entendre; prudente et discrète, elle se tait et
attend.

A Genève, pendant l'enfance de J.-J. Rousseau, ce n'était point seulement les mœurs républicaines qui luttaient énergiquement contre les mœurs des monarchies; c'était encore
le christianisme qui s'y retranchait contre les
progrès des sciences et de la civilisation. Genève était le centre de la religion réformée;
les chrétiens ardens et austères, qui, de bonne
foi, voulaient ramener le christianisme à sa
ferveur primitive , s'unissaient aux hommes
ambitieux qui profitent de tous les mouvemens,
et aux hommes inconsidérés qui se précipitent
vers toutes les choses nouvelles. A Genève, le
catholicisme était encore plus odieux que l'im-
piété absolue; la religion nationale était ainsi
une source de passions violentes; elle contri-
buait fortement à changer la sensibilité de
l'homme en véhemence et en exaltation. Comme d'ailleurs cette religion réformée n'était
qu'une transition du catholicisme, qui interdit
tout raisonnement, à la philosophie qui invite
l'homme à raisonner sur tout, les esprits natu-

rellement ardens discutaient et s'inquiétaient
sans cesse ; la raison, toujours aux prises avec
la foi, alternativement victorieuse et soumise,
ne laissait, même après ses victoires, que des
pensées vagues, incomplètes, sur lesquelles la
réflexion ne pouvait se reposer, mais qui, pour
cette raison, fournissaient à l'imagination les
alimens qui l'entretiennent.

Enfin, à l'époque où J.-J. Rousseau rece-
vait le jour, toutes les idées politiques, morales, toute la littérature, toutes les sciences,
étaient, pour ainsi dire, sur le passage des té-
nèbres à la lumière, de la fable à la vérité.
Chaque opinion, chaque institution, avait contre elle le besoin du raisonnement ou le besoin
du changement ; et ces deux impulsions sont
essentielles à la nature humaine ; mais l'habitude et l'intérêt personnel ne sont pas moins
essentiels à la nature humaine, et ils combattaient fortement en faveur de chaque opinion,
de chaque institution.

Dans de telles circonstances, chaque homme
ressemble plus ou moins à l'ensemble de la génération dont il fait partie ; dans le sein de chaque homme s'établit une lutte plus ou moins
opiniâtre entre ce qui était et ce qui va être ;
l'inégalité d'humeur, le désordre de pensée,

l'énergie de mouvemens sont alors les caractères généraux de l'espèce humaine ; mais les
hommes sensibles et ardens se distinguent par
la concentration et l'impétuosité de ces mêmes
caractères ; ce qu'ils ont de plus en facultés ori-
ginelles fait leur supériorité sur les autres hommes ; ce qu'ils ont de commun avec un certain
nombre de leurs contemporains fait l'extrême
chaleur avec laquelle on les soutient ; ce qu'ils
ont d'opposé aux habitudes, aux opinions d'une
autre partie de la génération contemporaine,
fait l'extrême vivacité avec laquelle on les
blâme, on les poursuit, on les accuse : ils sont
comme au foyer de l'action humaine ; c'est là
qu'elle embrase ; c'est de là qu'elle se réfléchit.

Ce que je viens de dire explique d'une manière générale tout ce qui a fait de J.-J. Rousseau un homme si extraordinaire ; tout ce qui
lui a donné alternativement tant de force, tant
de faiblesse, tant de raison, tant de délire, tout
ce qui l'a rendu si vertueux et si coupable, si
généreux et si personnel, si confiant et si om-
brageux.

J.-J. Rousseau avait reçu de la nature tout
ce qu'il faut à l'homme pour voir la vérité,
pour la saisir dans toute son étendue, et se pas-
sionner pour elle ; mais il n'avait reçu de son

éducation et de ses contemporains que des idées obscures, des vérités incomplètes ou déguisées par un très-grand mélange d'illusions et d'erreurs. Lorsque sa raison, naturellement forte et judicieuse, parvenait à séparer ce qui était vrai, ce qui devait toujours l'être, de ce qui avait été imaginé par les hommes, il éprouvait une jouissance très-vive, composée de tous les plaisirs de l'amour-propre et de ceux du jugement. Se sentant à la fois singulièrement honoré et satisfait, son caractère prenait une grande fierté, et son langage une grande éloquence. Séduit alors par l'ardeur et la noblesse de cette volupté intérieure, il ne s'arrêtait plus; il saisissait, comme des vérités absolues et d'une très-haute importance, les pensées brillantes et exagérées auxquelles il s'abandonnait; il prenait aussi son inspiration passagère pour une mission divine, pour la voix éternelle de la nature et des siècles; et bientôt son excellent jugement l'avertissait par des réflexions secrètes, obstinées, importunes, que ses pensées, ses maximes, n'étaient point d'une application exacte, universelle. Alors, pour relever son enthousiasme prêt à tomber, il s'irritait contre les résistances qu'il éprouvait en lui-même, et contre celles qui lui étaient opposées; il quittait le ton à la fois passionné et noble pour prendre celui de l'arrogance; il se montrait dur, intolérant, sauvage; il rendait mécontens un grand nombre d'hommes, et demeurait encore plus mécontent.

C'est ainsi que, par ses immenses talens, il excitait l'envie; que, par l'usage inconsidéré de ses forces, il soulevait les haines; que, par ses erreurs, ses paradoxes, ses inconséquences, il fournissait à ses ennemis des armes terribles. Mais, en même temps, sa vigueur de caractère, et l'ascendant toujours spécieux de son imagination brillante, entraînaient les jeunes gens, les femmes, et, parmi les hommes d'un âge mûr, ceux dont la réflexion s'était peu exercée. Ses contemporains se partageaient ainsi en deux classes fortement séparées : les uns le combattaient avec violence et amertume; les autres le défendaient avec passion; ceux-ci s'honoraient de leurs sentimens; les autres s'indignaient d'un tel délire; de part et d'autre on perdait toute mesure : bien des hommes qui, par caractère, par raison, auraient aimé à être justes, passaient dans les rangs ennemis; ils y étaient poussés par les excès d'admirateurs aveugles : d'autres, au contraire, témoins d'attaques injustes et de procédés coupables, n'é-

coutaient que la générosité de leur âme, deve-
naient partisans enflammés, impétueux admirateurs.

Ainsi, des mouvemens extrêmes produi-
saient, balançaient des mouvemens extrêmes
qui les reproduisaient, les balançaient à leur
tour. Alors, comme toujours, action alternative, loi universelle.

De telles impulsions données à l'opinion publique par J.-J. Rousseau, ou à son occasion,
devaient réagir sur son esprit et son caractère,
en fortifier même toutes les dispositions et toutes les qualités. Ses talens et son orgueil s'éle-
vaient à la plus haute énergie : mais ses lumières et sa raison n'étaient point augmentées ; au
contraire, toujours livrée à des passions véhé-
mentes, son âme devenait chaque jour plus
inaccessible aux informations de l'expérience
et aux représentations de la raison. Dès lors,
rien de fixe dans les idées, rien de sage dans la
conduite ; pour toute vertu une misanthropie
farouche ; quelquefois de la bonhomie, de la
simplicité, de la bonté, par un reste de nature ; plus souvent de la défiance, de l'exaspé-
ration, de la barbarie, par système et par irri-
tabilité ; de la force dans les pensées romanes-
ques, dans les sentimens fastueux et inapplica-

bles; de la faiblesse dans le commerce de la vie; de l'avilissement dans les relations les plus intimes; des livres magnifiques, et des enfans à l'hôpital !... O déplorable exemple de l'effet que peuvent produire des spéculations fantastiques sur des âmes ardentes! J.-J. Rousseau, étouffant de sang-froid les premiers sentimens de l'âme pour se donner une grande âme, renonçant aux premiers devoirs pour contracter de chimériques devoirs, brisant les liens les plus sacrés de la société et de la nature pour se lier à la société par des rapports vagues et imaginaires, tarissant autour de lui-même toutes les sources de plaisir, de consolation, de confiance, pour s'ouvrir au loin des sources de fausse gloire et de chagrins dévorans!...

On ne peut s'y méprendre; c'est le besoin de célébrité qui pressa J.-J. Rousseau de s'imposer une privation à jamais flétrissante pour sa mémoire. En lisant ce qu'il dit, et en découvrant ce qu'il insinue des motifs qui le déterminèrent à se séparer de ses enfans dès leur naissance, on voit qu'il s'abuse de bonne foi; et c'est ce qui adoucit l'indignation que d'abord il excite; c'est même ce qui la convertit en pitié. J.-J. Rousseau, la première fois qu'il va devenir père, est lié avec une société d'hommes singu-

lièrement frivoles, qui, à l'aide de l'extrême
facilité de son caractère, lui donnent leurs
mœurs et leurs opinions: Naturellement tendre
et sensible, il aurait goûté les affections de famille avec autant de vivacité que, dans un
autre temps, il les a décrites, si elles s'étaient
approchées de lui pour la première fois à cette
époque où il les décrivait. Mais, destiné à
passer alternativement, et avec excès, par
toutes les dispositions que l'homme peut connaître, il n'était, au moment où son premier
enfant allait recevoir le jour, qu'un homme
sans mœurs, sans goût pour les sentimens à la
fois simples et honnêtes. Dans cette occasion
importante, comme dans toutes celles de sa
vie, il suivit l'impulsion du moment, en déco-
rant d'ailleurs ses résolutions de principes dé-
risoires, dont il n'apercevait point l'absurdité.
Au sein d'une vaste et vieille monarchie, et
emporté lui-même par le tourbillon de tous
les goûts, de tous les besoins, qui marquent
dans un état la civilisation très-avancée, il
se constitue, pour un seul objet, citoyen de la
république de Platon; il se dépouille du titre
de père; il fait hommage de ses enfans à la
patrie; il les jette, sans les regarder, dans le
dépôt des contributions communes; et ce mou-

vement dénaturé, il le rend dramatique pour
s'enhardir et se rassurer. Il se rassure en effet;
car, bientôt il ne se vante ni ne s'accuse; il
prouve ainsi, d'une manière frappante, que la
barbarie dans la conduite peut naître de l'erreur dans les opinions.

Cependant, je le répète, quelques années
plus tôt, ou quelques années plus tard, J.-J.
Rousseau n'aurait point fait cet abandon in-
sensé et coupable. Dans sa jeunesse, il n'avait
point, à beaucoup près, l'idée de ses talens ni
le soupçon de sa destinée. Son âme, à la fois
généreuse et simple, était prête à s'ouvrir de
préférence aux plus sages principes et aux plus
tendres plaisirs. Mais lorsque des succès inat-
tendus commencèrent à lui donner le sentiment de ses forces; lorsqu'il se crut appelé à
faire une grande impression sur les hommes,
toutes ses qualités se subordonnèrent à l'ambi-
tion de renommée, et au besoin plus pressant
encore de suivre en lui-même ses pensées tu-
multueuses. Il fallut à son esprit un plein loisir,
qu'il crut incompatible avec les soins de famille;
il mit de la roideur dans ses dispositions habi-
tuelles; il s'isola pour se rendre plus libre; il
se dénatura pour se rendre plus fort. Dans la
suite, averti, quoique non éclairé, par le mal-

heur, il regretta de n'être point resté dans
la condition obscure; s'il avait pu alors com-
poser à son gré ses rapports et sa destinée, il
se serait entouré d'enfans, d'hommes simples,
et d'innocens plaisirs.

J.-J. Rousseau était homme de génie. Ce
titre appartient aux hommes qui, réunissant la
vivacité de l'imagination à la force de méditation,
conçoivent des pensées très-étendues, les sou-
mettent à un principe, les poursuivent dans
leurs détails, et ne savent s'occuper que de
choses grandes et importantes. Le génie est nécessaire pour découvrir les vérités fortes; mais
il ne suffit pas; il faut encore que l'âme, douée
de génie, soit éclairée et habituellement paisible; si le savoir lui manque, l'imagination
supplée; c'est elle qui fournit alors les maté-
riaux au jugement; et elle les fournit ordinairement avec trop d'abondance; le jugement
compose des pensées brillantes, bien assorties,
mais qui ne représentent point la vérité. Si
l'âme est agitée, si elle est habituellement livrée à des mouvemens impétueux, elle porte,
sans le savoir, ou du moins sans pouvoir s'en
défendre, ses passions dans la recherche de la
vérité; elle suit dans cette recherche la direc-

tion la plus favorable à ses affections ou à ses ressentimens.

J.-J. Rousseau n'avait eu le temps et l'occasion d'acquérir qu'un petit nombre de connaissances ; de plus, il était né, comme je l'ai dit, à une époque, et dans une ville, où fermentait avec tumulte le mécontentement de toutes les anciennes institutions et de toutes les anciennes opinions. Un tel mécontentement, par son caractère, s'unit aisément à la générosité, au désintéressement, à la fierté, au désir de l'indépendance. Tous les ouvrages de J.-J. Rousseau portent l'empreinte d'une exaltation qui a pour principes, d'une part, l'ignorance des causes qui amènent les institutions, les opinions, les erreurs humaines ; d'une autre part, le sentiment très-énergique des abus, des inconvéniens, qui suivent ces institutions, ces opinions, ces erreurs, et enfin les dispositions nobles et fières que ce sentiment imprime. Qu'il écrive sur l'éducation, sur la politique, sur les sciences, les arts, les mœurs, le luxe, c'est toujours un homme très-fort, très-bon, très-généreux, qui constamment s'abuse, s'irrite contre des maux qui ne sont que des effets inévitables de causes nécessaires, méconnaît les biens qui sont nés des mêmes causes, invoque avec ardeur un

ordre de choses qui, s'il était praticable, en-
traînerait d'autres maux en même temps que
d'autres biens. Oubliant en lui-même, ou s'ef-
forçant de ne tenir aucun compte de ses talens
immenses, ne songeant pas que ces talens, le
plaisir de les employer, celui de frapper, de
charmer, d'entraîner par l'usage éclatant qu'il
sait en faire, sont des fruits très-importans,
très-avantageux, de la civilisation; des arts,
des sciences, des progrès de l'esprit humain,
J.-J. Rousseau veut nous ramener aux temps
où ces talens, ces plaisirs, ces liens n'existent
pas encore; où l'homme, semblable au noyau
que la nature destine à se développer et à
grandir, n'est encore qu'un être presque inor-
ganisé, dur, âpre, revêtu d'une écorce gros-
sière, obligé de séjourner quelque temps dans
le sein de la terre avant de lancer une tige, de
la fortifier, de l'étendre, de l'environner de
branches, de rameaux, de feuilles, de fleurs et
de fruits; et parce que, sur cet arbre de la société humaine, des êtres que nous nommons
malfaisans trouvent une abondante nourriture;
parce que ses fruits, d'autant plus nombreux
que l'arbre a plus de vigueur, se gênent, se
gâtent et tombent; parce qu'enfin la foudre le
frappe, et que les vents le déracinent, tandis

que le roseau suit paisiblement son obscure destinée, il faut couper cet arbre vigoureux, il faut faire des lois, fonder des institutions, établir des principes, qui retiennent sans cesse son développement à la surface de la terre; il faut l'empêcher de vivre pour qu'il ne soit pas exposé à périr!.... O imagination de l'homme sensible, c'est toi qu'il faut retenir, non à la surface de la terre, mais à cette élévation modérée d'où tes regards pourront embrasser les rapports des choses, découvrir leur ensemble, suivre dans leur exécution constante les lois simples, justes, admirables, qui font que tout s'unit, se coordonne, se balance, que tout est bien, même le mal, puisque le mal est nécessaire à la production du bien.

J.-J. Rousseau, comme tous les hommes de génie, avait une âme généreuse et franche; si la vérité lui avait été montrée, son jugement l'aurait promptement saisie; il l'aurait noblement proclamée; il aurait abjuré hautement ses erreurs; et ses pensées étaient loin d'être uniquement des erreurs. Pour les caractériser avec justesse, il faut d'abord reconnaître que, sur un sujet quelconque, la vérité peut être représentée par une médaille à deux faces égales, qui sont en parfaite correspondance; en sorte qu'il y a toujours double empreinte, et cependant unité de matière. J.-J. Rousseau, sur chaque sujet, ne voyait qu'une face de la vérité; mais, le plus souvent, il la voyait très-bien, et il la décrivait avec fidélité, avec énergie; il rencontrait ensuite pour adversaires des hommes qui ne voyaient que l'autre face de la vérité, et qui, attachés exclusivement à ce côté des objets, y tenant avec force par des opinions commandées à leur esprit dès l'enfance, avaient cette conviction enracinée qui est produite par le temps et l'habitude, mais n'étaient point créateurs comme J.-J. Rousseau, n'avaient point sa chaleur, son élévation, son enthousiasme, l'attaquaient avec l'opiniâtreté du fanatisme, redoublaient son exaltation, échauffaient son éloquence, et, sans jamais le reconnaître pour vainqueur, s'irritaient d'être vaincus.

Mais, parmi les hommes qui résistaient aux pensées de J.-J. Rousseau, il en était qui s'éloignaient encore plus que lui de la croyance dogmatique. Ceux-là, passionnés ou frivoles, déclamaient avec violence contre toutes les opinions des hommes, contre tous les liens des sociétés, ou les tournaient en ridicule; pour les uns, il n'y avait, dans la nature, que mal et désordre; pour les autres, il n'y avait que hasard et folie. Parmi les premiers, on distinguait des hommes qui, sur bien des objets, avaient acquis une instruction abondante et précise ; parmi les seconds, on distinguait des hommes de beaucoup d'esprit. Les premiers surtout voyaient très-bien un certain nombre de vérités, principalement de l'ordre de celles que l'on pourrait nommer négatives. J.-J. Rousseau les aliénait fortement par le ton de ses controverses, dans lesquelles, n'ayant pas la vérité pour lui, il prenait cependant l'autorité d'un maître, appelait, sur ses adversaires, l'animadversion des faibles, et, de cette manière, s'exposait à leurs justes ressentimens. Il les mettait d'ailleurs dans une situation difficile, car la prudence leur ordonnait d'être timides ; à l'exception d'un petit nombre qui affectaient de l'audace, et qui ne savaient pas la rendre imposante, ces agresseurs de toutes les choses consacrées prenaient, pour agir et se faire entendre, des voies détournées. Au contraire, J.-J. Rousseau, toujours de bonne foi dans son exaltation, toujours plein de franchise, ne voyant que les résultats les plus beaux, les plus utiles, dans toutes ses pensées, les proclamait avec force, avec noblesse ; il semblait étouffer ses adversaires ; il ne faisait que les exaspérer.

C'est ainsi que cet homme, qui ne savait point s'arrêter dans les saillies de l'imagination , et dans les beaux mouvemens de l'âme, qui, pour ainsi dire, traversait constamment la raison et la vérité, se donnait pour ennemis, et les hommes qui n'avaient point la force de s'élever au-dessus des erreurs antiques , et ceux qui , sans savoir où prendre la vérité , découvraient et combattaient tous les genres d'erreurs.

J.-J. Rousseau s'était ainsi placé comme au centre de tous les mouvemens impétueux qui, par leur opposition et leur violence , produisent les discordes humaines. Une telle situation devait donner un grand éclat à son existence , et tenir constamment son âme dans le désordre et l'agitation. Ces deux effets se compensaient mutuellement. J.-J. Rousseau était trop sensible pour n'être pas très-avide de renommée ; et très-satisfait d'en acquérir. Mais il avait tous les besoins et tous les défauts des hommes très-sensibles ; profondément susceptible de tous les genres de jouissance, il désirait avec ardeur celles qui lui étaient refusées , et il ne tenait aucun compte de celles qu'il obtenait avec suite et abondance ; à celles-là il ne pensait plus, il s'y accoutumait. Le goût de la nature , de la tranquillité, des plaisirs modestes et simples ,

appartenait à son âme comme la passion de la
gloire ; mais les travaux qui l'avaient conduit à
la gloire , étaient incompatibles avec la simplicité et le repos ; il ne voulait plus de la
gloire ; il regrettait amèrement de l'avoir pour-
suivie ; il ignorait que si la paix et l'obscurité
lui eussent été rendues, il se serait bientôt
tourmenté de son inaction , se la serait même
reprochée comme coupable ; et lorsqu'il aurait
eu repris dans la retraite l'ardeur de la célébrité , l'enthousiasme des choses frappantes , le
besoin de les dire , il serait monté de nouveau
sur la scène du monde , il aurait appelé les
hommages et bravé les résistances , il aurait
recommencé une carrière de gloire , d'infortune et d'agitation.

Disons-le maintenant : J.-J. Rousseau, fidèle
par son sort à la loi commune, fut le plus heureux et le plus malheureux des hommes. Il en
fut le plus heureux, car il goûta vivement les
charmes de la nature ; il enflamma un grand
nombre d'hommes, et par des moyens toujours intéressans et nobles ; il reçut les témoi-
gnages les plus flatteurs, les plus éclatans, les
plus sincères, de l'affection , de l'estime; de
l'admiration , de l'enthousiasme ; enfin il conçut
de grandes pensées, des sentimens profonds,

tendres, énergiques ; il les poursuivit dans son
âme avec feu, avec délices ; il les exprima avec
ravissement..... Il fut le plus malheureux des
hommes, car son organisation très-sensible,
très-délicate, l'exposa à des maux pressés et
continus ; il fut blâmé, haï, méconnu, envié,
calomnié, persécuté par un grand nombre
d'hommes ; son caractère en fut bouleversé ; et,
indépendamment de ces atteintes extérieures,
il éprouva, au fond de son âme, le froissement,
la lutte pénible, déchirante, d'idées toutes ex-
trèmes, mutuellement opposées, et qu'il ne
savait comment concilier. Il fit de grands biens,
car il brisa les liens de l'enfance, proclama avec
succès les droits de la nature, et affranchit
l'homme d'un grand nombre de servitudes qu'il
ne pouvait plus supporter. Il fit de grands maux,
car il ne sut point ménager la chute des opinions dont il précipita la ruine ; il sut encore
moins les remplacer ; et nul homme, parmi
ses contemporains, n'en aurait eu la puissance ;
nul homme, ajoutons-le, n'aurait pu empêcher les mouvemens qu'il imprima ; c'est la
nature humaine, foulée, révoltée, qui les imprima par la main de Jean-Jacques ; la foudre
lui fut remise : d'un point ou d'un autre il fallait qu'elle tombât.

Mais la foudre porte également le fracas et le tumulte dans le nuage d'où elle s'élance, et dans l'édifice qui l'attire. J.-J. Rousseau fut, par son âme, ses malheurs, ses talens, ses vertus et ses fautes, l'image anticipée de cette révolution frappante, terrible, inévitable, pendant laquelle tous les extrêmes se combattirent, où la nature humaine porta sa force jusqu'à la violence, toutes ses passions jusqu'au délire, où elle prépara, pour les générations futures, les exemples les plus mémorables d'énergie et de faiblesse, de grandeur et d'avilissement.

Tous les ouvrages de J.-J. Rousseau seront respectés par la postérité, parce que tous portent l'empreinte de la générosité, de la franchise et du génie ; mais tous ne seront pas lus avec empressement : la plupart, au contraire, resteront en dépôt dans les archives de l'esprit humain, comme des monumens très-remarquables de la force de l'homme, mais comme des monumens devenus presque inutiles. Tel sera le sort de tous les livres faits par de grands écrivains, sur des sujets qui ne devaient que passer sur la terre. Quels que soient le talent, l'éloquence, le génie d'un philosophe, d'un mora-

liste , d'un poëte , il ne pourra jamais atta-
cher éternellement l'intérêt des hommes à un
ordre de pensées que la vérité ne soutient pas.

Rien n'est fort que le vrai, le vrai seul est durable.

Si la poésie des anciens a traversé les siècles,
et doit à jamais les traverser encore , c'est que
la mythologie qui en est le fondement , n'est
point une erreur , mais une allégorie ingé-
nieuse servant de voile à la vérité.

Presque toutes les idées , les opinions , les
institutions , les mœurs , attaquées ou défen-
dues par J.-J. Rousseau , sont du genre que
l'on pourrait nommer transitoire. Amenées par
des circonstances particulières sur le théâtre
des sociétés humaines , elles n'étaient pas
destinées à se perpétuer , ni même à se reproduire. Ainsi , lorsque ces institutions , ces opinions , ces idées , ces mœurs , n'auront plus
d'existence que dans le souvenir des hommes
éclairés , presque tous les ouvrages de J.-J. Rousseau n'auront pas d'autre existence.

Un seul livre de cet homme célèbre se trans-
mettra d'âge en âge , et aura toujours des lecteurs ; c'est celui où il s'est peint lui-même
avec tant de naïveté , de candeur , avec un style
si enchanteur et si simple. L'homme , tel qu'il

est dans ce livre, est, pour ainsi dire, une vérité intéressante qui appartiendra à tous les
temps. Chez toutes les nations civilisées , il y
aura des hommes très-sensibles qui , exposés à
des situations plus ou moins ressemblantes à
celles que Rousseau a décrites , éprouveront à
peu près ce qu'il a éprouvé , et par conséquent
auront du plaisir à se reconnaître dans ses tableaux. D'autres, au contraire , qui seront opposés, de caractère et d'habitudes, à ce que
fut J.-J. Rousseau , accuseront , blâmeront ses
Mémoires, et, par cela même , concourront à
leur perpétuité, en redoublant l'intérêt et l'affection de ses défenseurs. J.-J. Rousseau, dont
les méditations n'ont presque jamais rencontré
la vérité, a été toute sa vie d'une véracité parfaite, ce qui suffira pour que son nom soit toujours aimé et honoré ; et à quel âge, dans
quelle position a-t-il confié aux hommes tous
les détails de son caractère et de sa vie ? C'est
lorsque, tous ses ouvrages achevés, il gémissait
sous les peines violentes , intolérables, que ses
envieux, ses ennemis, ses inconséquences, sa
franchise, ses passions et son imagination lui
avaient suscitées. Malheureux au dernier terme
par le sentiment excessif de ses humiliations et
de ses chagrins , il développa néanmoins son

âme avec une simplicité, une abondance, qui démontrent l'absence de tout fiel, de tout ressentiment. La bonté parfaite n'a pas de signe plus touchant, de caractère plus inimitable. Il y a plus : dans ces *Confessions*, écrites sous le poids de la désolation, et presque sous les glaces de l'âge, J.-J. Rousseau met, pour la première fois, de l'amabilité, de la légèreté; de la grâce; là, seulement, l'homme de génie disparaît pour faire place à l'homme d'esprit. Persuadé, et non tout-à-fait sans raison (l'homme impartial en trouverait encore parmi nous plus d'un témoignage), persuadé que le fanatisme, le ressentiment et l'envie ont armé contre lui une partie de la génération contemporaine; qu'il a été dépeint comme un monstre, comme un des êtres les plus odieux et les plus dangereux, il entreprend de se montrer tel qu'il est, tel qu'il se voit lui-même, afin, s'il est possible, de détromper l'injustice, et de désarmer la haine par la publicité de son caractère et de ses intentions. Un homme, dont les intentions, nécessairement connues de lui-même, auraient mérité la haine et le blâme, ne se serait point justifié avec douceur; pour déguiser ses aveux secrets, il aurait publiquement employé tout ce qu'il aurait eu d'adresse, de force, d'éloquence ; il aurait surtout attaqué, par des récriminations, ses ennemis et ses accusateurs. J.-J. Rousseau se plaint d'être maltraité, méconnu ; mais il ne veut de mal à personne ; la haine, la colère, la vengeance sont toujours étrangères à son cœur.

Si, à la lecture de ses *Confessions*, on ajoute celle de ses lettres, on aura la connaissance parfaite de son caractère. Dans ses lettres, écrites à diverses époques, et sur différens sujets, il se montre souvent raisonneur profond, homme fier, homme de génie ; mais souvent aussi on le voit malheureux, misanthrope, sauvage, et toujours bon, simple, sans détours, plein de générosité, d'abandon et de franchise. Qu'était même en lui cette défiance excessive et ombrageuse qui le rendait souvent intraitable, lui donnait l'apparence du caprice, de l'humeur, et même de torts odieux ? Ce n'était que le contre-coup malheureux, la compensation déchirante d'une confiance romanesque et excessive. M. Hume, par exemple, lui inspire cette confiance par des procédés nobles et des intentions honorables. Il l'entraîne en Angleterre ; il se fait son protecteur avec ménagement et délicatesse ; il devient son ami autant qu'il a la force et l'inclination de l'être.

J.-J. Rousseau lui suppose aussitôt les sentimens qu'il aurait à sa place , c'est-à-dire , un
dévouement chevaleresque , une disposition à
tout braver , tout sacrifier en sa faveur. Une
lettre insultante est répandue ; l'âme de Rousseau en est navrée ; M. Hume ne s'échauffe
point contre l'auteur ; rien ne l'y oblige. Rousseau s'en étonne , bientôt s'irrite , s'indigne ,
fait des scènes qui semblent montrer un ingrat
atrabilaire , et qui sont uniquement celles d'un
sensible et généreux enfant.

On a reproché à J.-J. Rousseau d'avoir divul-
gué, en écrivant ses Mémoires, bien des choses
peu honorables pour plusieurs personnes avec
qui il avait eu des relations , et dont il devait
présumer que la volonté était de demeurer in-
connues. On a ajouté que ses jugemens ayant
été fréquemment le fruit , sinon de ses ressentimens et de ses passions , du moins de son
imagination abusée, ombrageuse et inquiète ,
ceux de ces jugemens qui ont été flétrissans
n'ont pas été justes , et qu'ainsi il a eu le tort
de la calomnie , outre celui de l'indiscrétion.

Sans doute , quelques personnes existant encore , et les enfans ou les amis de quelques
autres, ont eu le droit de se plaindre des confidences publiques faites par J.-J. Rousseau ; et

si la vanité ou le ressentiment eussent été les
seuls motifs de ces confidences, elles eussent
été absolument inexcusables. Mais n'oublions
jamais que, si nous voulons être équitables,
en prononçant sur les actions d'un homme,
nous devons prendre entièrement sa place,
c'est-à-dire, nous approprier, autant qu'il nous
est possible, ses opinions, son caractère, ses
habitudes et sa position. J.-J. Rousseau était
extraordinairement méconnu d'un grand nombre de ses contemporains; c'est ce que l'on ne
peut aujourd'hui révoquer en doute. Il est également certain que cette erreur d'un grand
nombre de ses contemporains était un déso-
lant supplice pour son âme sensible, généreuse, et par conséquent avide d'affection,
d'estime et d'hommage. Pouvait-il, devait-il
passer condamnation sur les imputations cruelles
dont il était ou croyait être l'objet? Et n'é-
tait-il point autorisé à se croire victime d'une
sorte de fureur acharnée, lorsqu'à son âge,
pauvre, et accablé d'infirmités, il était successivement chassé de tous les asiles où il espe-
rait ensevelir ses peines? Lors même qu'il aurait exagéré le blâme, la haine, l'animosité,
le fanatisme qui le poursuivaient, ne suffisait-il
pas qu'une parfaite bonne foi fût, à cet égard,

dans sa pensée , pour que l'honneur lui com-
mandât d'éclairer ses accusateurs, ou de leur
répondre ? Enfin, les mouvemens extraordinaires que ses ouvrages avaient produits, les
agresseurs et les partisans, également passionnés, également nombreux, dont il avait si
long-temps été environné, ne lui avaient-ils
pas donné le droit de croire que son nom oc-
cuperait la postérité, et devait-il consentir à
ce que sa mémoire fût d'avance accompagnée
du cortége le plus humiliant, le plus odieux,
et, dans sa persuasion, le plus injuste ? Tout
homme impartial reconnaîtra que, si J.-J. Rousseau avait pu être indifférent à l'opinion de ses
contemporains, et à sa future renommée, il
aurait été réellement digne des accusations les
plus flétrissantes : car, de cette indifférence, il
aurait fallu conclure que, toute sa vie, il avait
joué la grandeur d'âme et la fierté. Mais on
ne joue pas le talent très-élevé, l'éloquence
mâle, abondante, forte ; et ce talent, cette
éloquence, ne peuvent jamais être que l'ex-
pression, et comme les traits extérieurs d'une
âme fière et magnanime. J.-J. Rousseau était
donc très-malheureux, excessivement malheureux; par la certitude que, s'il gardait le silence,
il serait à jamais présenté comme un écrivain

odieux, vil et coupable, lui qui, profondément justifié par sa conviction et ses souvenirs, n'avait eu, comme écrivain, que les intentions les plus nobles, les plus pures, et ne formait encore que des vœux dont il croyait pouvoir s'honorer. Il ne devait donc point garder le silence. Sans doute, s'il eût été chrétien parfait, il aurait accepté, sans se plaindre, les malédictions des hommes; mais, s'il eût été chrétien parfait, il n'eût point souffert de ces malédictions, ou même il ne les aurait point attirées; un autre que lui aurait attaqué les vieilles habitudes, les vieux intérêts, les vieilles opinions.

J.-J. Rousseau, tel qu'il était, devait se défendre; et, dans sa situation, lorsqu'il avait à repousser l'injustice de la génération contemporaine, et à prévenir l'injustice des générations futures, quel autre moyen lui restait que d'écrire sa vie entière avec une véracité fortement résolue, et avec tous les détails qu'il se rappelait? Or, un grand nombre de personnes étaient nécessairement annexées à son histoire; comment aurait-il pu ne parler que de lui seul? Pour concilier la discrétion avec la justice qu'il était réduit à se rendre, il devait ne point nommer les personnes, et ordonner que ses

Mémoires ne parussent que long-temps après
sa mort. Il remplit ce dernier devoir; mais
il ne remplit point assez rigoureusement le
premier : voilà ce que l'on peut réellement
lui reprocher. La précaution même qu'il prit,
dans la seconde partie de ses Mémoires, de
n'employer que des lettres initiales, était loin
de suffire ; il fallait des lettres initiales qui ne
fussent point celles des noms véritables, ou
bien, à l'imitation de la Bruyère, à qui l'on
n'a jamais reproché ses portraits, il fallait in-
venter des noms qui n'eussent aucun rapport
avec ceux dont ils auraient pris la place. A cette
condition, et si les dépositaires de ses volontés
eussent attendu le temps qu'il avait fixé pour
la publication de ses Mémoires, cette publication n'aurait entraîné aucune des réclamations
qui se sont justement élévées. Un jour, lorsque toutes les personnes qu'il a désignées auront disparu depuis long-temps, ses Confessions
rempliront généralement leur objet; elles fe-
ront admirer ses talens, aimer son caractère,
honorer sa mémoire, et plaindre son infortune.

On ne peut se défendre d'être vivement
attendri, ou même déchiré, lorsque l'on voit
cet homme, si extraordinaire par son âme et

son éloquence, écrire, sur la fin de sa vie, sous le titre de *Dialogues*, une seconde apologie de ses intentions et de son caractère, ne montrer dans cet ouvrage qu'une âme navrée, affaiblie, bouleversée, épuisée par le malheur, et enfin se croire si cruellement abandonné, ou même repoussé par tous les hommes qui connaissent son nom ou sa personne, qu'il ne lui reste plus qu'à déposer furtivement ses réclamations sur un autel, dans l'espoir qu'elles tomberont entre les mains d'hommes simples, étrangers au monde et à ses passions, et dont la générosité n'aura pu encore être détournée !...... Sans doute, c'est presque de la démence ; mais qu'il y a de douleur et même de respect dans la pitié que cette démence inspire ! J.-J. Rousseau, l'homme le plus fort de son siècle, le plus riche de sentimens et de pensées, perdant, sous le poids du chagrin et de l'humiliation, sa raison, sa fierté, son génie, demandant pour ainsi dire, à la charité des passans, l'aumône d'un peu d'affection et de justice !..... Quel spectacle ! comme il invite à la réflexion et à la tristesse ! comme il entraîne vers la doctrine des compensations !

VOLTAIRE.

L'esprit doit être distingué du génie. Celui-ci, résultat d'une mesure juste et égale entre les hautes facultés, donne la puissance de concevoir les rapports étendus qui unissent entre elles les choses grandes et importantes. L'homme de génie a pour caractère d'être à la fois grave et sensible, noble et ardent, fécond et simple, constant et animé. Descartes et Newton, Rousseau et Montesquieu, Corneille et Bossuet furent des hommes de génie.

L'esprit, tel qu'il existe dans l'homme *spirituel*, dans l'homme aimable et judicieux, vif et léger, *ingénieux* et mobile, l'esprit est le don de concevoir avec clarté, avec facilité, les rapports délicats qui unissent entre elles les choses peu étendues.

Le génie, qu'une forte imagination accompagne toujours, est sujet à dépasser le terme vers lequel il s'élance, parce qu'il a ordinairement trop d'énergie pour pouvoir aisément s'arrêter. L'esprit, lorsqu'il se maintient dans sa sphère, est presque toujours accompagné de la raison, parce que la raison consiste à

voir les choses telles qu'elles sont , et que les
choses d'une étendue limitée sont bien plus
faciles à connaître avec exactitude que les
choses vastes et composées.

Ainsi, l'homme qui a de l'esprit , et qui
se borne à être un homme d'esprit , est moins
exposé à l'erreur que l'homme de génie ; mais
aussi il ne découvre point de grandes vérités :
il n'est point créateur ; souvent même, il est
mauvais juge des créations du génie , parce
qu'il ne peut que rarement en atteindre l'élévation, et en sentir la chaleur. Il n'est juste
appréciateur , et partisan déclaré , que de la
légèreté et de la grâce.

De son côté, on l'a vu par l'exemple de J.-J.
Rousseau, l'homme de génie quitte difficile-
ment la grandeur et la force ; il semble que la
légèreté et la grâce lui soient peu naturelles.
Quelquefois cependant, il se montre spirituel et
aimable; mais alors il s'abandonne et se repose.

On peut dire sans exagération, que Voltaire
fut une merveille d'esprit , et que jamais la
nature ne prodiguera cette faculté avec plus
d'abondance. Il fut aussi, de tous les hommes
qui ont écrit, celui qui eut le plus fréquemment raison. Très-habile à voir le côté faux
et absurde des opinions humaines, il ne lui

échappa jamais un paradoxe, encore moins une absurdité; mais il ne prononça pas non plus avec vigueur, les vérités fortes.

Quelquefois, à l'aide d'un goût très-pur, d'un jugement sain, d'une instruction très-étendue et de l'imagination la plus brillante, il se montra imitateur parfait, ou même imitateur-modèle. Il fit alors, en poésie surtout, des ouvrages très-ressemblans à ceux du génie.

Quelquefois encore, à l'aide d'une vivacité singulièrement pénétrante, guidée par une raison sûre, il s'approcha des hautes pensées; il mit, dans des compositions philosophiques, ce que l'on pourrait appeler l'ébauche de la profondeur. Mais j'ose le répéter, par l'ensemble de ses ouvrages, de son caractère et de sa conduite, il manqua de cette mesure pleine et soutenue, de cette énergie opiniâtre et imposante qui donnent au génie le sceptre de la puissance humaine. Ce sceptre éclatant, encore plus ferme, Voltaire n'aurait pu le jeter en fonte; mais c'est lui surtout qui aurait pu l'orner et le polir.

L'esprit de Voltaire, son éducation et les circonstances firent ses mœurs et ses opinions. Par son éducation, il faut entendre principalement celle qu'il reçut dès son entrée dans le monde. Formé sous la régence, et déjà lié dans sa jeunesse avec le duc de Richelieu et la cour du régent, il prit de bonne heure une habitude, d'ailleurs facilitée par son caractère, celle de tourner en ridicule toutes les affections profondes. Aussi, à aucune époque de sa vie, pas même dans sa jeunesse, il ne fut ni religieux, ni enthousiaste, ni amoureux.

Quant à ses opinions, comme j'ai l'intention d'être vrai, d'être juste, je dois, avant de les caractériser, faire quelques réflexions générales sur l'état où se trouvaient les esprits lorsqu'il commença à les répandre.

A toutes les époques de la durée des nations, les jeunes gens qui ont de l'ardeur reçoivent leurs premiers mouvemens des impulsions régnantes. Celles-ci changent et se succèdent par opposition alternative; les jeunes gens, devenus hommes faits, ne changent pas toujours de même ; d'ordinaire leurs premiers mouvemens les ont mis dans une situation que, par amour-propre, par intérêt, quelquefois par conviction, plus souvent par irritation contre les résistances, ils sont entraînés à soutenir.

Ce que je viens de dire, que, pendant la

durée des nations, les impulsions **régnantes**
changent et se succèdent par opposition alternative, serait constamment démontré par
l'histoire générale; car, ainsi que je l'ai dit pré-
cédemment(1), le principe des compensations
est la clef de l'histoire. Mais pour me rappro-
cher de mon sujet, je me contenterai de retra-
cer ici, d'une manière rapide, la succession
des impulsions mutuellement opposées, auxquelles les mœurs et les opinions se sont aban-
données depuis le règne de Louis XIV.

Ce monarque, dans sa jeunesse, fut d'une
galanterie souvent coupable; la vieillesse le
jeta, ainsi que sa cour, dans l'excès de gravité
et de dévotion. Sous le régent, cet excès fut
remplacé par celui de l'étourderie et du liber-
tinage. Au règne du régent succéda la minorité
de Louis XV; le cardinal de Fleury, qui gou-
verna sous son nom, releva la puissance des
idées et des mœurs austères; son autorité s'é-
tendit sur la jeunesse de Louis XV. Sa mort
sembla délivrer le prince d'une tutelle qui l'op-
pressait; Louis XV se livra sans retenue à des
goûts avilissans. Le règne de Louis XVI pré-
senta d'abord les effets de la honte et de l'in-

(1) *Manuel du Philosophe.*

dignation , causées par la turpitude des mœurs
précédentes ; bientôt on se lassa des intentions
nobles et sages ; on s'abandonna à d'étonnantes
folies ; on n'eut, en quelque sorte, pour guide ,
que l'imprévoyance. C'est la pente naturelle
des hommes qui , par une longue possession
de fortune , de pouvoir et de priviléges , ont
pris l'habitude de croire qu'ils peuvent tout
vouloir sans qu'on leur résiste , et tout faire
sans s'exposer à en souffrir.

La révolution naquit du besoin d'arrêter
tous les genres de désordre ; mais elle fut
excessive comme le désordre qui l'avait ame-
née ; les idées revinrent en arrière : on regretta le temps et l'empire des priviléges ;
on chercha à les rétablir ; et c'est ainsi que ,
par des efforts insensés en faveur d'institutions
devenues impossibles , on ne fit que ranimer
l'antagonisme révolutionnaire , et reculer, par
la discorde , le règne de la modération.

Voltaire ; comme je l'ai dit , fut reçu dès sa
jeunesse à la cour du régent ; c'est là que, pour
ainsi dire , il trempa ses premières armes ; et
là , on s'excitait à se mettre, sous tous les
rapports , en contraste avec la dernière cour
de Louis XIV. Les opinions religieuses étaient

rejetées, baffouées ; le peuple, du moins la partie saillante et oisive , suivait l'exemple de la cour. Voltaire , à peine âgé de vingt ans , était vivement applaudi , lorsque , dans celui de ses ouvrages dramatiques qui resta le plus fort , il disait avec rudesse :

« Les prêtres ne sont point ce qu'un vain peuple pense ;
» Notre crédulité fait toute leur science. »

Ainsi, vers le commencement du dix-hui-tième siècle , les opinions religieuses avaient déjà reçu une atteinte violente ; c'est ce que l'on oublie lorsque l'on accuse de leur chute les écrivains qui s'élevèrent à la fin de ce même siècle. Mais, entre ces deux époques, il y eut un intervalle rempli , comme il devait l'être , par des dispositions antagonistes. Le cynisme d'opinion et de mœurs ayant été porté au der-nier degré d'effronterie par le régent, le car-dinal Dubois et toute sa cour , l'ensemble de la nation se rejeta dans le sens opposé. Alors, par l'effet naturel de la pente vers les contre-poids , se formèrent les excès d'un ardent et odieux fanatisme ; et alors aussi la France éprouva des maux cruels, humilians, qui sont également oubliés par ceux qui blâment sans modération , la philosophie du dix-huitième siècle, et qui demandent quels sont, avant la révolution française, les maux que la France eut à souffrir.

N'était-ce pas une situation désolante que celle de ces chrétiens vertueux, timorés, tels que le respectable Coffin, successeur de Rollin à l'université de Paris, qui, au lit de la mort, étaient contraints par des prétres fanatiques, de rétracter des maximes ou opinions qui avaient fait, toute leur vie, la base de leur conduite ; et, s'ils n'en faisaient point une abjuration solennelle, ils étaient certains d'être présentés comme des criminels, comme des hérétiques, et d'être outragés après leur mort ! Sans doute, les atrocités révolutionnaires ont été plus violentes ; mais les fureurs du fanatisme étaient sourdes, multipliées, prolongées ; elles prenaient leurs victimes au berceau, dans toutes les conditions ; elles les suivaient dans tous les âges ; elles établissaient le règne de la terreur autour des âmes faibles, et jusque dans leur sein ; et si certains hommes avaient assez de force dans l'esprit pour rejeter ces monstrueuses folies, assez d'audace dans le caractère pour braver ceux qui les dirigeaient, ils expiaient le plus souvent leur supériorité par le blâme et la haine populaires, dont on savait les faire poursuivre..... N'en doutons

point, si les mêmes temps et les mêmes circonstances revenaient aujourd'hui, on verrait
la tyrannie du fanatisme violemment attaquée,
et une révolution philosophique ardemment
invoquée par ceux qui accusent aujourd'hui la
philosophie, et qui se plaignent de ce que tous
les hommes qui ont des opinions philosophiques ne sont point des sages, sans se rappeler
que tous les hommes qui ont eu des opinions
antiphilosophiques n'étaient point des sages
non plus.

Si, vers le milieu du dix-huitième siècle, les
parlemens, fortifiés par les philosophes, ne s'y
étaient opposés, l'institution de billets de con-
fession serait devenue, entre les mains des
Jésuites, une inquisition générale, c'est-à-dire,
un tribunal à la fois atroce, avilissant et absurde, versant tous les malheurs au nom de
Dieu, comme les tribunaux révolutionnaires
ont versé tous les malheurs au nom de la liberté.

Et c'était le gouvernement qui soutenait
l'inquisition et les Jésuites! et c'étaient les parlemens qui soutenaient la cause de la raison
et de la tranquillité publiques ! et l'on s'étonne
des coups terribles qui ont frappé le gouvernement, des maux affreux qui ont accablé la

France! et l'on accuse la philosophie d'avoir amené tant d'horreurs et de malheurs!

« Le tumulte, les invectives, les anathèmes accablaient les mourans. A Orléans, à Auxerre, à Langres, on laissait pendant plusieurs jours les morts sans sépulture. Les hôpitaux servaient aussi de théâtre à ces discordes; des filles pieuses en étaient arrachées. La charité s'absentait du lit des malades. Les parlemens, occupés de résister à des évêques, et de sévir contre des curés, oubliaient les plaideurs. » (Histoire de France, pendant le dix-huitième siècle, par M. Lacretelle, tom. 3, pag. 198.)

Sachons gré aux écrivains qui ont de l'impartialité et de la sagesse, de consigner ces tableaux dans l'histoire. Les générations, à qui de telles calamités seront étrangères, se plaindront moins de celles qu'elles auront à souffrir.

Mais, dans tous les temps, les générations humaines, quoiqu'elles n'aient jamais à faire qu'un échange de peines et de souffrances, chercheront avec empressement à se délivrer de celles dont elles seront oppressées, parce que le soulagement suivra toujours la délivrance. On a très-bien dit que l'homme sur la terre devait être considéré comme un voyageur. S'il était obligé de marcher sans interruption, et toujours avec vitesse, il succomberait bientôt ; sa course ne serait qu'un malheur continu. Il est nécessaire que, de temps en temps, il se repose ; non-seulement alors il respire et reprend haleine, ce qui est, pour lui, un temps de plaisir, mais il répare ses forces. Au début de sa course nouvelle, les nouveaux lieux qu'il va parcourir, quoique ressemblans à ceux qu'il a traversés, ne lui paraîtront, pendant quelque temps du moins, ni désagréables ni difficiles.

Les hommes éclairés qui vivaient en France vers le milieu du dix-huitième siècle, gémissaient et frémissaient justement de la tyrannie du fanatisme. Celui-ci était excité par le progrès des lumières à prendre une ardeur plus violente même que dans les temps d'ignorance; il sentait que toute puissance allait lui échapper. Entre ses mains, l'opiniâtreté et la chaleur des hommes simples étaient toujours prêtes à devenir des instrumens terribles. Il était pressant d'en arrêter l'emploi. Mais l'ardeur de l'intolérance échauffait à son tour celle des passions qui lui étaient opposées, c'est-à-dire que, semblable à la religion, devenue violente et dangereuse par les dispositions de la plupart des hommes qui la soutenaient, la raison, dans l'âme passionnée d'un grand nombre de ses partisans, devenait également violente et dangereuse.

Voltaire, à cette époque, fut le chef principal des défenseurs de la raison et des agresseurs du fanatisme. Son esprit, ses liaisons brillantes, ses engagemens envers la philosophie, sa renommée déjà éclatante et méritée, lui donnaient une force majeure, et faisaient naturellement, de cette force, un point de réunion. Son caractère vif, entreprenant et mobile, lui fournissait l'amour-propre et le zèle nécessaires à un chef de parti. Ses défauts même concouraient à lui donner, en faveur de ce rôle, de très-grands avantages. Très-susceptible de mouvemens multipliés, courts et rapides, mais incapable d'une chaleur profonde et soutenue, il ne se laissait point emporter par l'audace et l'enthousiasme ; mais il pouvait diriger avec adresse, et aiguillonner avec vivacité les hommes, les femmes, les jeunes gens capables de s'enthousiasmer. Se possédant toujours, et connaissant très-bien les ressorts qui mettent en jeu les passions humaines ; né pour séduire, mais non pour commander, il conduisait les succès de la philosophie comme une affaire ou une intrigue dans laquelle il s'agissait de réussir et non de s'honorer. Très-habile à manier l'ironie, le sarcasme, le ridicule, il s'était réservé le principal emploi de cette arme pénétrante. Il usait même de l'arme honteuse de la licence ; il avilissait ainsi ses talens et la littérature ; mais, pressé d'atteindre son but, il y parvenait ; il s'introduisait partout ; il descendait jusque dans les dernières classes du peuple ; il étendait son règne sur tous les genres d'esprit.

Ah ! si nous devons regretter le temps et les talens que Fénélon employa en faveur des vaines querelles du jansénisme et du quiétisme, nous devons bien regretter aussi que le talent si fécond, si brillant, si délicat de Voltaire, se soit prostitué si fréquemment à des fonctions misérables qui flétriront à jamais sa mémoire par la manière dont il eut la faiblesse de les remplir. Si, à l'aide de la finesse de son esprit, de la sagacité de son jugement et de sa facilité prodigieuse, il se fût borné à soutenir la cause de la philosophie par des ouvrages d'une littérature aimable et décente, il aurait couvert l'Europe de productions pleines d'intérêt et de charmes ; il aurait moins précipité la chute des pratiques superstitieuses, de l'intolérance, du fanatisme ; par cela même, il l'aurait rendue, pour des temps postérieurs, plus entière et plus sûre. Il n'aurait point fourni, aux hommes vraiment religieux, des armes puissantes, et aux hommes de mauvaise foi, des sophismes et des prétextes ; enfin, le temps serait venu où ses nombreux ouvrages, universellement goûtés, auraient pour toujours environné son nom d'affection et d'hommages.

Mais, pour prendre ce parti, si convenable à sa gloire, il aurait fallu que Voltaire eût conservé le sentiment de la vraie gloire. C'est ce qui avait été rendu très-difficile par les mœurs légères, dont il avait pris de bonne heure l'habitude. Ajoutons que son âme, beaucoup plus vive que forte, n'était point naturellement capable de s'élever, ou du moins de se soutenir à une grande hauteur de pensées et de sentimens. Il différa essentiellement de J.-J. Rousseau par l'éducation et le caractère. De ces deux hommes, confondus et tempérés l'un par l'autre, on aurait fait l'homme le plus aimable, le plus admirable, le plus excellent.

Voltaire ne fut l'ennemi déclaré et redoutable que de la superstition et du fanatisme, parce que c'est principalement la liberté et la fécondité de l'esprit qui souffrent de ces deux maladies de l'espèce humaine. J.-J. Rousseau, plus sensible, plus fort, supporta impatiemment tous les genres de tyrannie ; il souffrait par toute son âme. Il secoua toutes les chaînes qui pesaient sur le caractère de l'homme. Sa révolte eut la fierté pour principe ; mais elle n'eut pas la raison pour guide. Celle de Voltaire fut accompagnée par la raison ; mais elle manqua souvent de grandeur et de fierté.

Si je voulais caractériser J.-J. Rousseau par un de ses ouvrages, je choisirais l'Héloïse. Là se trouvent tous les mouvemens de l'âme portés à l'extrême ; c'est le faux, l'invraisemblable, le déréglé, l'impossible par excès d'énergie et de sensibilité.

Si je voulais montrer, par un des ouvrages de Voltaire, combien il avait de talens et de défauts, d'esprit et de faiblesse, je choisirais son Discours de réception à l'académie française. La première partie en est admirable ; on ne peut écrire avec plus de simplicité, de raison et d'abondance, sur une question importante de littérature. La fin de ce discours est misérable. Voltaire, qui voulait dissiper les préventions de Louis XV, et s'introduire à sa cour, lui adresse des louanges d'une exagération ridicule. Il ose faire le parallèle de ce prince avec Louis XIV, et louer également l'un et l'autre par des moyens différens. Dans un grand nombre d'autres occasions, il se laisse entraîner, par son intérêt, à avilir l'esprit et la louange.

Tout éloge d'un homme puissant, qui n'est pas l'ouvrage, sinon de la vérité, du moins d'une véracité parfaite, est singulièrement honteux pour celui qui le donne, et abuse rarement celui qui le reçoit. J.-J. Rousseau, emporté par l'humeur, ou, si l'on veut, par l'orgueil, aurait pu adresser à un homme puissant des paroles dures, des reproches injustes. Jamais il n'aurait flatté publiquement celui qu'il n'aurait pas honoré au fond de son cœur ; et, à cet égard, les erreurs dans lesquelles il pouvait tomber par enthousiasme, par abandon et facilité de caractère, compensaient celles que, dans d'autres momens, il commettait par humeur ou âpreté.

L'opulence à laquelle Voltaire sut parvenir, et l'indigence dans laquelle J.-J. Rousseau consuma sa vie, formèrent une opposition remarquable dans la destinée de ces deux hommes extraordinaires. Cette opposition résulta de la

différence extrême que la nature avait mise
entre leurs caractères et leurs facultés. L'oubli
des soins qui mènent à la fortune est un des
défauts naturels aux hommes de génie, et l'une
des principales compensations attachées à leurs
avantages. Ce n'est pas qu'ils méprisent la fortune; ce mépris, dans ceux qui le montrent,
n'est que folie ou ostentation. Ils ne ressem-
blent pas non plus à certains hommes négligens;
qui sont trop paresseux, trop faibles, trop
désordonnés, pour pouvoir prendre les peines
à l'aide desquelles les hommes actifs acquièrent
des biens ou les conservent. Les hommes de
génie ont une grande activité de pensée; mais
la direction de cette activité est à la fois très-
vive et unique; elle se concentre exclusivement sur les idées qui peuvent se prêter à des
sentimens énergiques et à des méditations étendues. Tant que dure cet état de force, d'enthousiasme, de volupté féconde et tout intérieure, les hommes de génie ne souffrent point
de l'obscurité, des privations de l'indigence ;
ils jouissent au contraire d'une situation qui a
pour avantage de recueillir leur âme, en écar-
tant les moyens d'éclat et de dissipation ; et
cette situation même, dans laquelle ils s'enfon-
cent avec délices, échauffe encore leur enthou-

siasme; il n'y a plus en eux de temps ni de pos-
sibilité pour la prudence; aussi ils ne ménagent
pas plus les hommes que les événemens; leur
franchise s'exalte comme toutes leurs qualités;
au plus léger mécompte, elle devient misanthropie et rudesse; les hommes et les événemens réagissent contre cet excès: l'homme de
génie est repoussé, ou au moins abandonné;
ce qui lui prépare bien des peines pour le temps
où à son tour l'exaltation l'abandonne.

Je viens de résumer l'histoire de l'homme
éclatant et infortuné dont j'avais déjà défini le
caractère. J.-J. Rousseau, homme de génie,
rival de Voltaire, homme d'un prodigieux
esprit, s'affermit peut-être, par le zèle secret
de la rivalité, dans ses dispositions naturelles.
Voltaire céda peut-être également à l'impulsion
du contraste. Tandis que J.-J. Rousseau trai-
tait les hommes et la fortune avec une brus-
querie sauvage, Voltaire ménageait avec in-
finiment d'adresse les événemens et les hommes.
L'un injuriait jusqu'à ses partisans, qu'il prenait
presque tous pour des traîtres ou des flatteurs;
l'autre, pour se faire des partisans, flattait jusqu'aux écrivains les plus misérables: c'est ainsi
qu'il finit par s'entourer d'une foule de cliens
importuns, pour lesquels il n'avait ni affection

ni estime ; tandis que J.-J. Rousseau finit par rebuter ses plus vrais amis.

Voltaire, dans sa vieillesse, fut loin de souffrir l'isolement et l'indigence ; mais que de peines d'un autre genre se multiplièrent sur ses dernières années !/Tandis que J.-J. Rousseau épuisait son âme dans le chagrin d'avoir vu toutes ses intentions méconnues, toute sa fierté blâmée ou dédaignée, Voltaire se dépitait contre la désolation de voir toutes les couronnes se flétrir sur sa tête affaiblie. Nul homme célèbre n'a mieux montré combien les jouissances enivrantes d'une grande renommée, rapidement acquise, sont expiées, à un certain terme, par la difficulté de les soutenir. Pour ne pas survivre à sa gloire, lorsqu'il sentit que ses forces l'abandonnaient, Voltaire s'excita, non-seulement par tous les stimulans de l'amour-propre, mais par le régime le plus propre à donner une vivacité artificielle ; il se précipita ainsi dans des souffrances pressées, obscures, continuelles ; et il fut loin de réussir à ranimer la force de son esprit ; ce fut seulement sa mobilité qu'il augmenta. Aussi toute composition d'une certaine étendue devint supérieure à sa puissance ; ses productions en ce genre furent d'une insigne faiblesse ; il n'eut plus de talent que pour le libelle et le pamphlet.

Et si nous revenons même vers le temps où il méritait, par ses travaux en tout genre, presque toutes les palmes de la littérature, nous reconnaîtrons, à l'aide de ce grand exemple, que la sagesse conseillerait à l'homme le plus ambitieux de renommée de disparaître quelquefois, de ne pas occuper sans cesse la scène du monde. Il n'est point de spectateur qui ne se lasse de la perpétuité du même spectacle, et qui même, sans être disposé à l'injustice, ne réclame avec instance un spectacle différent, dût-il être inférieur. Voltaire éprouva la peine la plus amère, lorsque, vers la maturité de son talent et de son âge, venant de produire Mérope, on s'engoua follement de Crébillon. Il se désolait ; il s'irritait ; il ne savait pas que lui seul pouvait n'être pas fatigué de l'éclat et de la durée de sa gloire.

L'homme de génie a le sentiment de sa supériorité ; c'est ce qui rend son âme inaccessible à l'envie. Il peut se plaindre, s'irriter même de ce que des productions indignes d'estime surprennent la faveur populaire ; mais il met encore plus d'empressement à reconnaître le talent, le mérite, le génie partout où ils se

montrent ; ses suffrages , bien loin de lui
coûter un effort , sont pour lui-même une occasion de plaisir sincère ; ils les donne avec
chaleur, avec abondance, souvent même avec
exaltation.

J.-J. Rousseau eut ce caractère de l'homme
de génie ; il l'eut surtout à l'égard de Voltaire ;
et Voltaire fut bien souvent injuste à son égard ;
il lui échappa même des procédés et des écrits
indignes d'un honnête homme ; sa domina-
tion, assez douce tant qu'elle reposa sur une
concession générale , devint une tyrannie lorsque l'on s'apprêta à ne plus la reconnaître ;
semblable , par son caractère , à bien des femmes autrefois très-séduisantes, à mesure qu'il
perdit ses droits aux hommages , il s'irrita
de ne plus les obtenir ; il se déchaîna surtout
avec violence contre les écrivains qui pronon-
cèrent publiquement sur ses derniers ouvrages
le jugement qui, en secret, était déjà prononcé
par son goût et sa raison ; plus d'une fois alors
ses expressions, ses injures, ses ressentimens
eurent l'accent de la haine ; il se montra ainsi
livré au supplice des âmes faibles ; mais la mobilité de son caractère réussit, par intervalles ,
à l'en affranchir.

Je ne dirai point de Voltaire, comme je l'ai

dit de J.-J. Rousseau, qu'il fut le plus heureux et le plus malheureux des hommes ; ses jouissances furent moins élevées que celles de son rival ; ses peines furent aussi moins profondes ; il eut bien plus de partisans ; il eut bien moins d'amis et d'ennemis. Il servit avec plus de succès la cause de la raison humaine ; car, il est bon de le dire encore, J.-J. Rousseau, par excès d'imagination et de sensibilité, s'égara presque sans cesse ; Voltaire, dont l'esprit, quoique léger, était éminemment juste, ne s'écarta presque jamais, dans ses idées, du bon sens et de la vérité ; mais J.-J. Rousseau, par la fierté de son âme, imprima un grand mouvement à la liberté humaine ; et ce bien est le premier en force et en dignité.

Ainsi, malgré leurs divisions, ces deux grands hommes se réunirent ; l'un et l'autre furent les agens immédiats de cette impulsion énergique qui, à la fin de leur siècle, se composa essentiellement de liberté et de raison, mais qui, bientôt arrêtée par de violens obstacles, se porta, pour les vaincre, à une violence plus grande encore. On ne saurait trop le répéter ; ce n'est point la liberté et la raison qui firent de la révolution française un enchaînement de calamités si effrayantes ; c'est la résistance qu'elles éprouvèrent au moment où la nécessité commandait leur triomphe. Le temps n'est pas éloigné où ce triomphe, entièrement achevé, montrera ce que, par lui-même, il a d'heureux et de paisible pour les sociétés humaines; la raison et la liberté régneront en Europe sur les souverains comme sur les peuples : c'est-à-dire que les souverains, en Europe, élevés par leurs idées autant que par leur puissance, ne concevront point d'autre prospérité publique, d'autre force nationale, que celles qui résultent de l'ordre fondé sur la raison et la liberté. Le gouvernement des Français servira de modèle.

NOTE.

———

Je crois devoir donner une idée concise de l'ouvrage que j'ai rappelé dans ma Préface ; celui que l'on vient de lire ne présentant que l'une des applications les plus frappantes du principe sur lequel le *Manuel du Philosophe* est fondé. Une analyse claire, succincte, fidèle de ce principe, et de l'ensemble de ses conséquences, a été placée dans le Moniteur du 14 décembre 1816. Je ne saurais mieux faire que de la reproduire. Elle est forte, elle est grave ; c'est ce que devait être l'analyse d'un ouvrage que son objet me commandait de rendre très-grave, très-précis. Cet objet, la constitution de l'univers, est le plus important, le plus étendu que puisse embrasser la pensée humaine.

J'ose prier mes lecteurs de recueillir un moment leur attention.

.... « Le mouvement existe dans l'univers, non comme cause première, mais comme effet premier et universel de la cause suprême.

» Il suit de là que, sans remonter à l'origine des êtres, et en se bornant à prendre l'univers dans son état actuel, chaque être, chaque corps est nécessairement pénétré d'une action intime qui appartient à chacune de ses parties.

« Or, de deux choses l'une : ou cette action, dans chaque

être , tend à le replier sur lui-même , à le concentrer ; ou bien , elle a pour objet de l'étendre , de le développer.

» Mais il est de toute évidence que si l'action n'existait dans les êtres que pour les replier sur eux-mêmes , pour les concentrer , l'action , dans l'univers , n'aurait pour but , pour effet général , que de produire la concrétion et l'immobilité générales.

» Ainsi , dans un être quelconque , l'action du mouvement, l'action qui lui est imprimée par la cause suprême , ne peut avoir pour but que de l'étendre , de le développer.

» C'est à ce mouvement essentiel d'extension et de développement que M. Azaïs donne le nom d'*expansion*. Tout lui démontre que cette force existe généralement dans la nature , et qu'elle ne peut pas ne pas exister.

» Voici maintenant l'enchaînement des conséquences ou applications qui découlent du principe.

» La science universelle , la science de tous les faits se divise en trois branches principales , unies entre elles par toutes leurs racines et tous leurs rameaux. Ces trois branches sont : 1°. la *physique*, qui embrasse tou... les faits de l'ordre mécanique ; 2°. la *physiologie* , qui embrasse tous les faits de l'ordre vital et organique ; 3°. la *politique* , qui embrasse tous les faits de l'ordre social.

» Dans l'ordre mécanique , l'*expansion* produit immédiatement tous les effets de dilatation , de séparation , de désunion , de divergence. Par exemple , un globe , tel que le globe de la terre , est constamment sollicité par l'expansion , de se développer , d'occuper un espace successivement plus grand , par conséquent de se dissoudre ; et c'est à quoi il parviendrait avec rapidité , s'il était le seul globe existant. Mais chaque globe est environné d'autres globes soumis à une force d'expansion semblable à la sienne. L'action expansive de chaque globe se trouve ainsi réprimée par l'action environnante ; et cette réaction environnante est, pour chaque globe, la cause immédiate du refoulement éprouvé par ses diverses parties, refoulement qui n'est autre chose que la *gravitation*.

» Ainsi, la *gravitation* est le produit secondaire de l'*expansion*, et lui sert de balancement exact, puisqu'elle en tire toute sa puissance. Or, *expansion*, *gravitation*, *équilibre de ces deux forces*, c'est toute l'astronomie, c'est toute la mécanique, c'est toute la physique.

» Dans l'ordre vital et organique, chaque être vivant est un foyer d'expansion concentrée, qui tend sans cesse à le développer, à l'accroître, à le propager. Tel est le penchant, le besoin commun à toutes les plantes, à tous les animaux, à tous les hommes ; mais chaque être vivant est entouré d'autres êtres de même espèce, ou d'espèces différentes qui, tous, sont animés d'une *expansion* plus ou moins ressemblante à la sienne, qui par conséquent réagissent sans cesse contre le développement que son *expansion* lui imprime ; en sorte que chaque être vivant, comme chaque globe est, à la fois, centre d'action et de réaction correspondantes et égales.

» Enfin, dans l'ordre social, chaque réunion d'hommes, chaque nation est nécessairement animée d'une *expansion* générale, formée par la somme de toutes les *expansions* individuelles. Ainsi, chaque nation tend nécessairement à se développer, à s'étendre successivement sur un plus grand espace. Mais chacune des nations qui l'environnent est également animée de l'*expansion sociale ;* par conséquent, chacune est environnée d'une réaction égale à son action.

» C'est maintenant dans l'ouvrage de M. Azaïs, qu'il faut

voir avec quelle facilité s'explique , par ce seul balancement de l'action et de la réaction sociales , tout ce qui compose la vie des nations. Cette partie de l'ouvrage est divisée en dix chapitres , dont voici les sujets : *état de société, état de guerre, alliances, puissance majeure, civilisation, révolutions, gouvernement, constitutions, constitution balancée, prospérité, adversité.*

» En admettant le système de M. Azaïs , toutes les questions de politique générale auraient trouvé leur solution dans les dix chapitres que nous venons de nommer ; de même que toutes les questions générales de physique et de physiologie seraient expliquées dans les neuf chapitres précédens.

» Mais il restait un grand but à atteindre , le but moral , complément d'utilité sans lequel on ne pourrait voir qu'un jeu d'esprit dans le plus beau système.

» L'existence d'un être quelconque , d'un homme par exemple , n'est que transitoire à la surface de la terre ; et l'ensemble de cette existence est nécessairement formé de deux sommes égales : l'une , des mouvemens qui composent ou améliorent ; l'autre , des mouvemens qui détériorent et amènent la destruction. Le *plaisir* est le témoignage des mouvemens du premier genre ; la *douleur* est le témoignage des mouvemens du second. Il suit de là que , dans l'ensemble de l'existence d'un être quelconque , la somme des jouissances est nécessairement égale à la somme des souffrances, que par conséquent tous les êtres , quoique très-différens de position , de facultés , de destinée , sont égaux par leur sort.

» Il en est des nations comme des individus dont elles sont composées : chacune parcourt successivement deux périodes qui s'enchaînent et se balancent ; la période d'adversité ou de chute est exactement égale en étendue à la période d'élévation ou de prospérité ; en sorte que la nation qui obtient le plus d'éclat , le plus de puissance , est celle qui d'avance accumule le plus de calamités , le plus d'infortune sur son temps de retour.

» Ainsi , par ce spectacle de l'équité constante dans les destinées humaines , deux grands effets sont produits sur l'homme qui le contemple. En premier lieu , il devient bien moins accessible aux tourmens de l'envie. Comment souffrirait-il , à la vue des biens , des priviléges , des jouissances qu'il ne peut se procurer ? C'est en même temps à leur expiation nécessaire qu'il échappe.

» En second lieu , si la prospérité s'attache à son sort , il ne la repousse pas ; mais il ne se laisse point entraîner par les séductions qu'elle lui présente ; il sait , d'une manière positive , que le nombre , l'ardeur , l'éclat de ses plaisirs fixeraient d'avance la mesure des regrets qui , un jour , attristeraient son âme , et des peines qu'il aurait à subir.

» La *modération* , ce conseil éternel de la sagesse , devient ainsi le fruit ultérieur de la science ; elle s'appuie sur les lois qui conduisent l'univers.

» Et la modération de l'âme , c'est la tolérance pour les opinions , c'est l'indulgence pour les défauts , c'est la modestie dans toutes les situations , c'est toutes les qualités morales.

» On aura pu voir , dans ce résumé , avec quelle facilité , selon l'auteur que nous nous bornons à analyser , tous les effets possibles s'enchaînent à un premier fait , devenu , pour lui , un point d'évidence irrésistible.

» Dans le nombre des conséquences qu'il tire de sa pensée fondamentale , il insiste sur celles qui méritent d'être le mieux accueillies par les bons Français. Il rend au roi les hommages qui lui sont dus, et il relève les espérances de sa patrie. Il lui présente une destinée plus douce, plus salutaire, plus durable que la prépondérance militaire. C'est du sein de la France qu'il voit jaillir les pensées vraies, justes, sages, qui seules peuvent se concilier avec l'ordre, la paix sociale, le pouvoir monarchique et la liberté. »

L. C.

JE désire que mes lecteurs prennent connaissance d'un ouvrage que je viens de publier sous le titre d'*Explication et emploi du Magnétisme*. Ils y trouveront l'application évidente du principe universel à la production des phénomènes les plus nombreux, les plus variés, et jusqu'ici les plus mystérieux.

Je leur présenterai bientôt un autre ouvrage; il aura un objet très-important.

L'homme prudent et sage détermine, d'après son tempérament, son âge, et sa position particulière, le régime auquel il lui est convenable de se soumettre.

Il en est de même d'un peuple, lorsqu'il est conduit par un esprit de sagesse et de prudence; car le bien auquel il peut atteindre, est le seul qu'il se permette d'ambitionner.

Un tel peuple désire que son régime, ou, ce qui est la même chose, sa mesure de liberté politique, soit déterminée d'après son tempérament, son âge de civilisation, et sa position géographique ; de celle-ci découlent en grande partie sa puissance, sa faculté d'indépendance, ses relations avec les peuples qui l'environnent. C'est encore sa position sur le globe qui, combinée avec le climat et avec l'âge de civilisation, détermine son tempérament. Enfin l'âge de civilisation, pour chaque peuple, peut être connu et fixé d'après ses mœurs actuelles; il ne s'agit plus que de les bien observer, de les bien définir. Les mœurs actuelles, dans un peuple, comme dans un individu, sont le témoignage extérieur de sa force de corps et de l'état de son esprit.

Le titre de l'ouvrage sur lequel j'ose appeler d'avance l'attention des hommes concilians, et paisibles, sera celui-ci :

De la mesure de liberté politique qu'il est convenable d'accorder, en ce moment, à chacun des peuples de l'Europe, d'après son tempérament, sa position et ses mœurs actuelles.

FIN.

IMPRIMERIE DE FAIN, PLACE DE L'ODÉON.